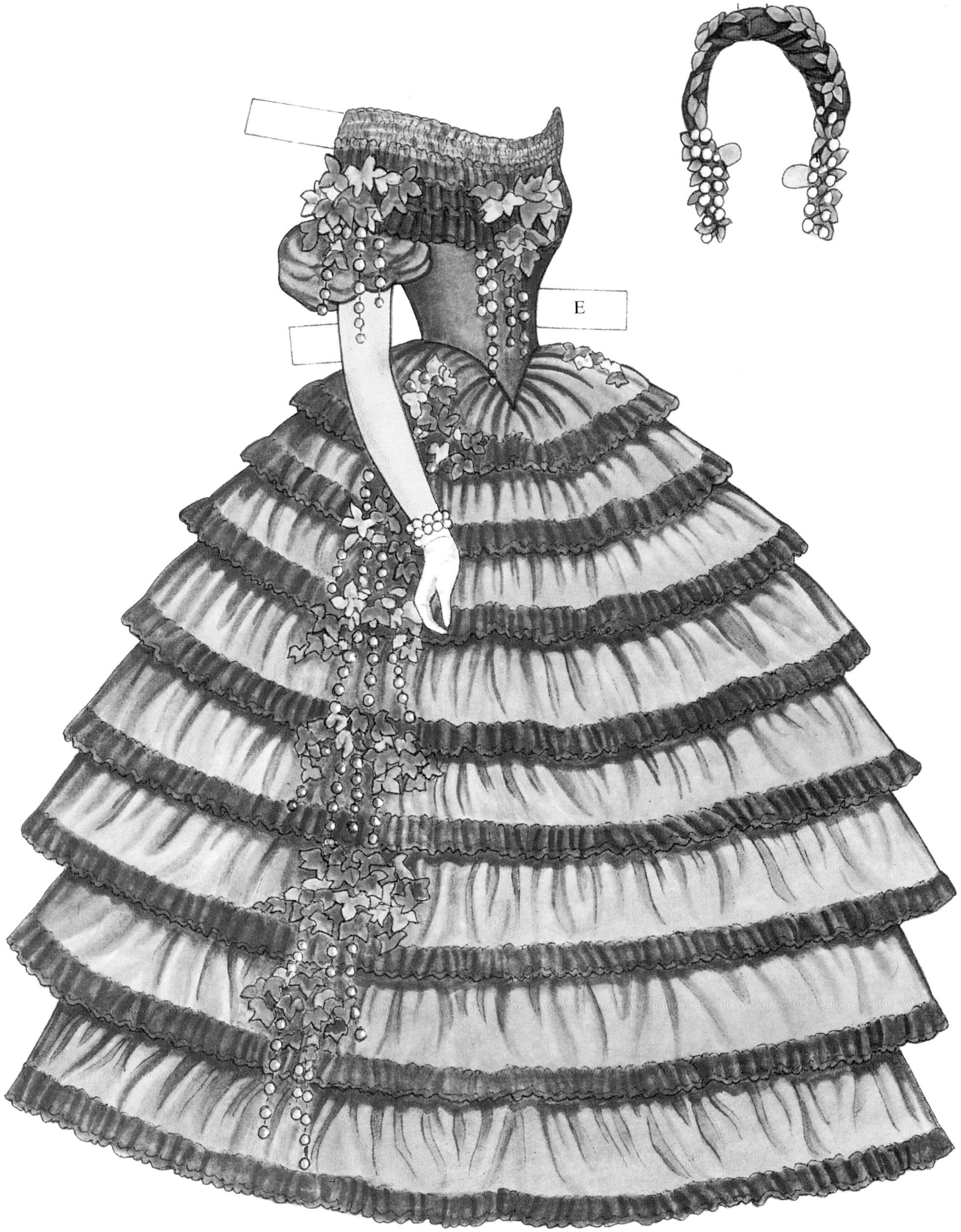
E

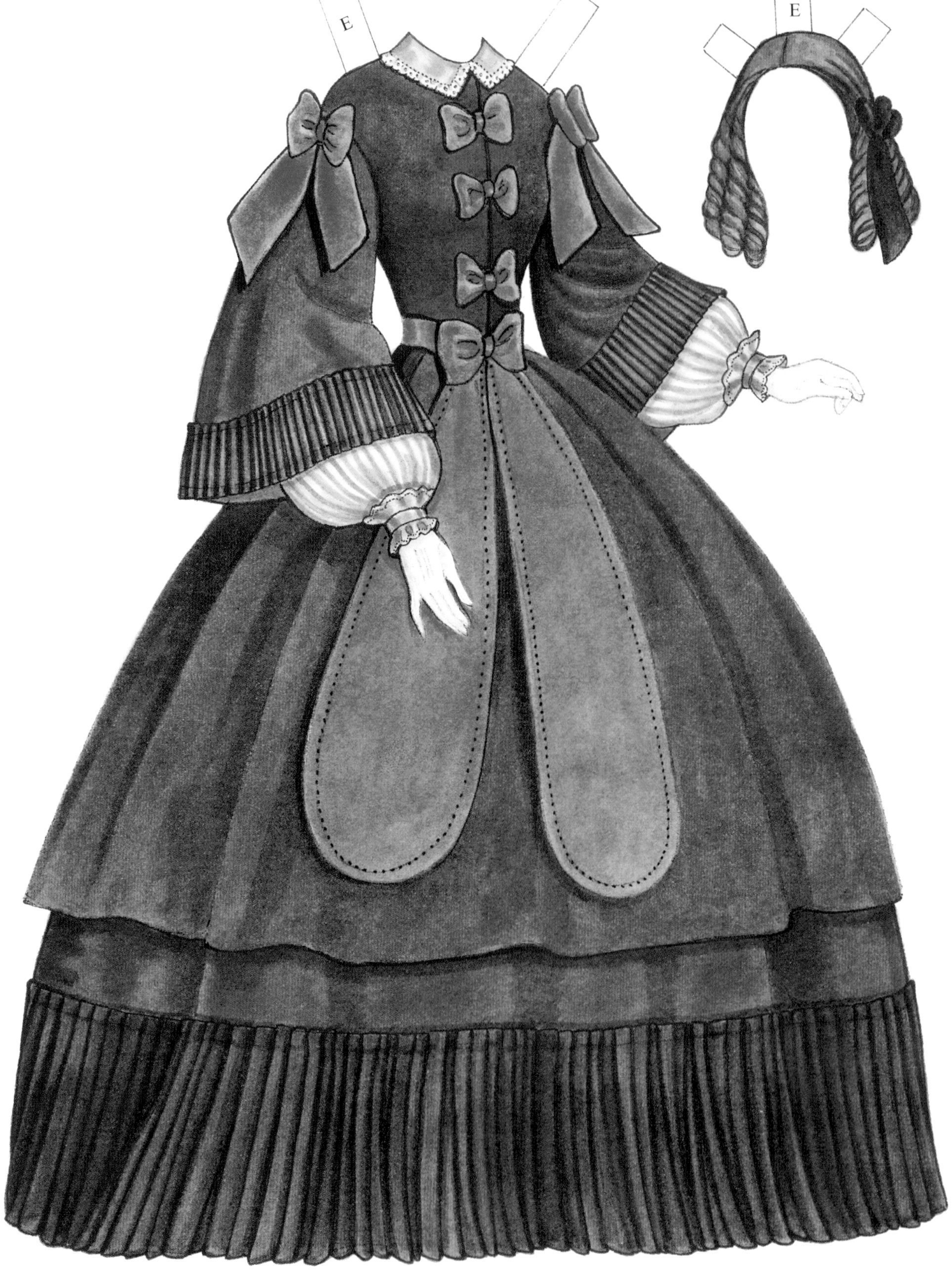
E
E

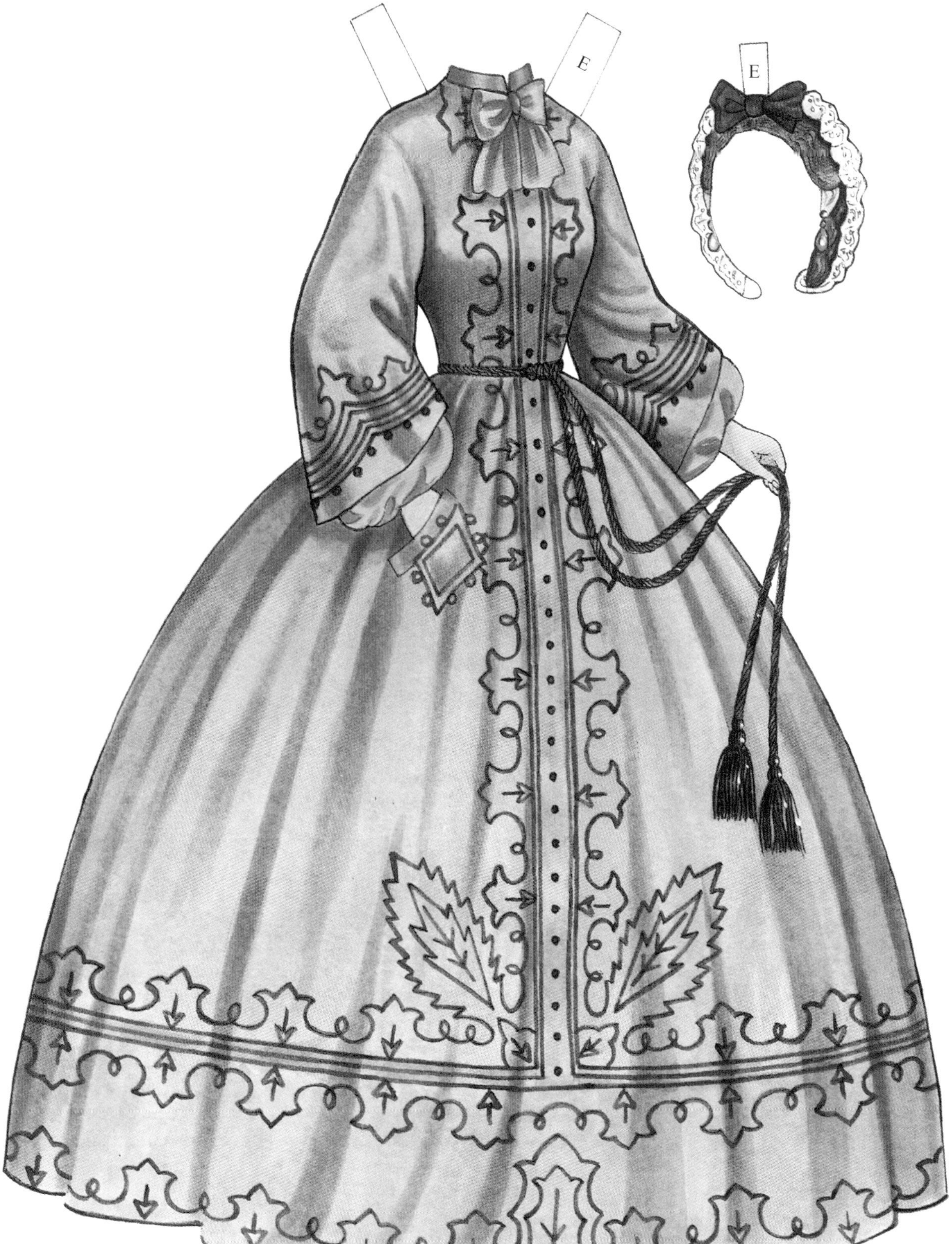
E
E

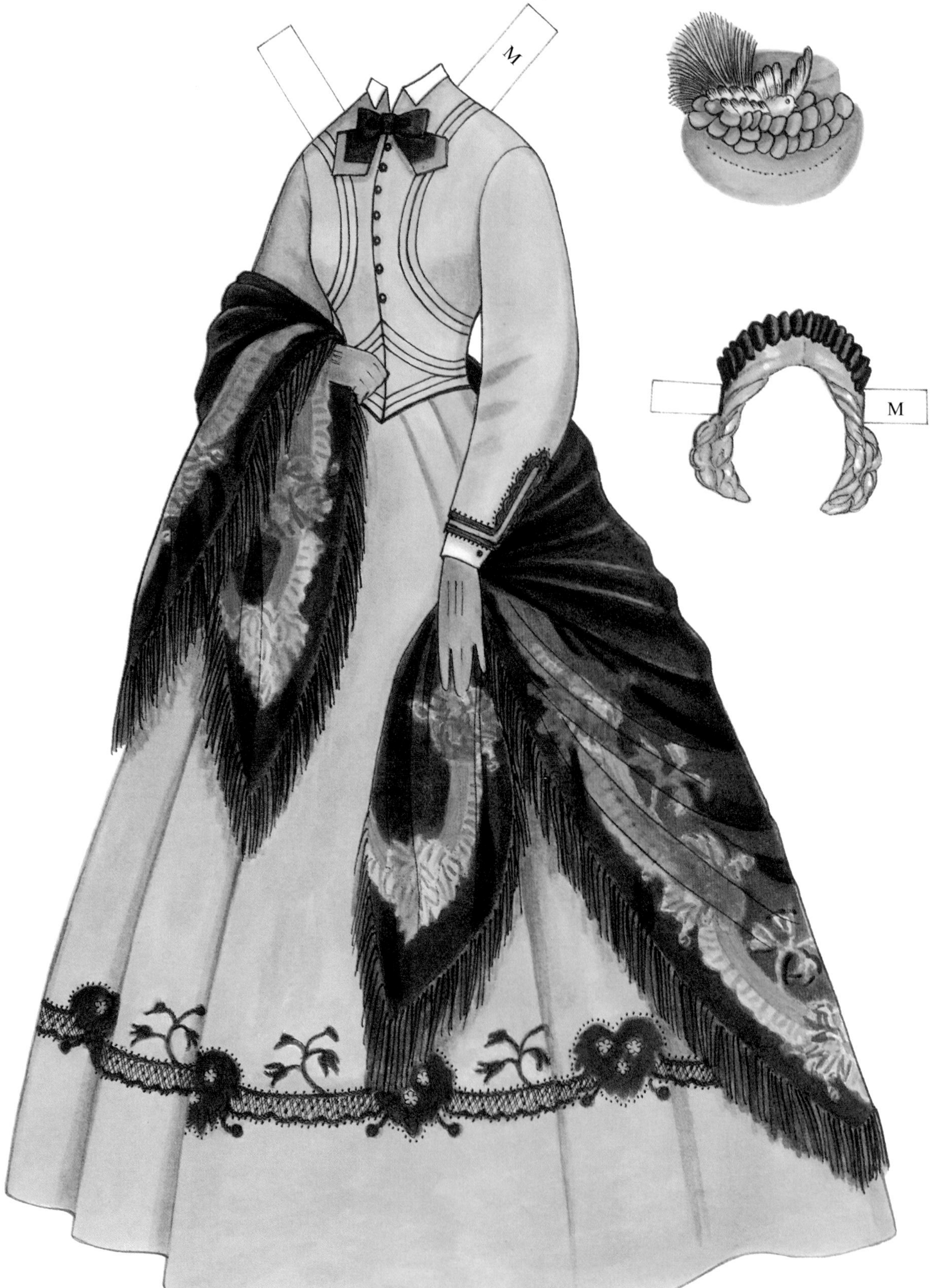

PLATE 4

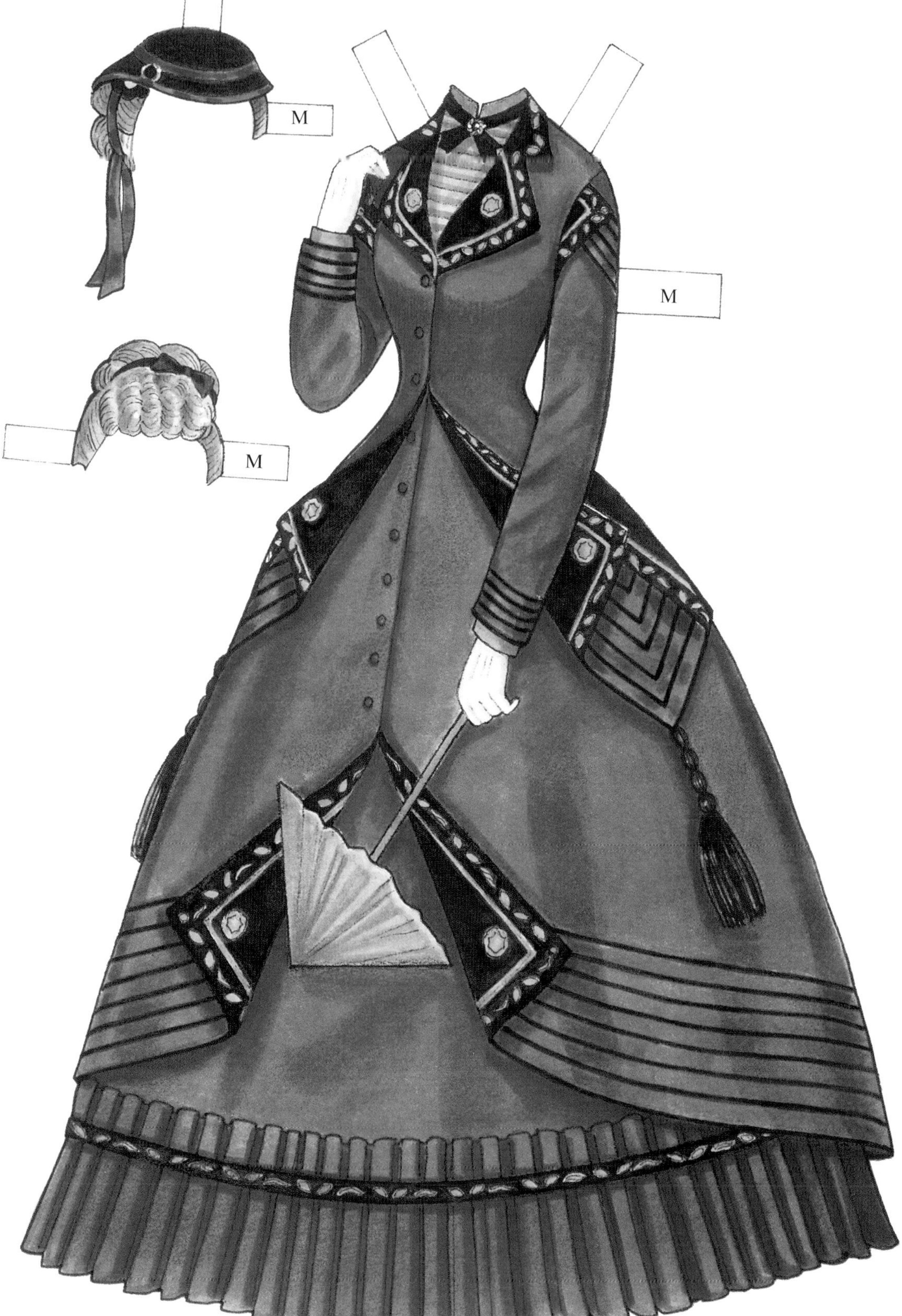
M
M
M

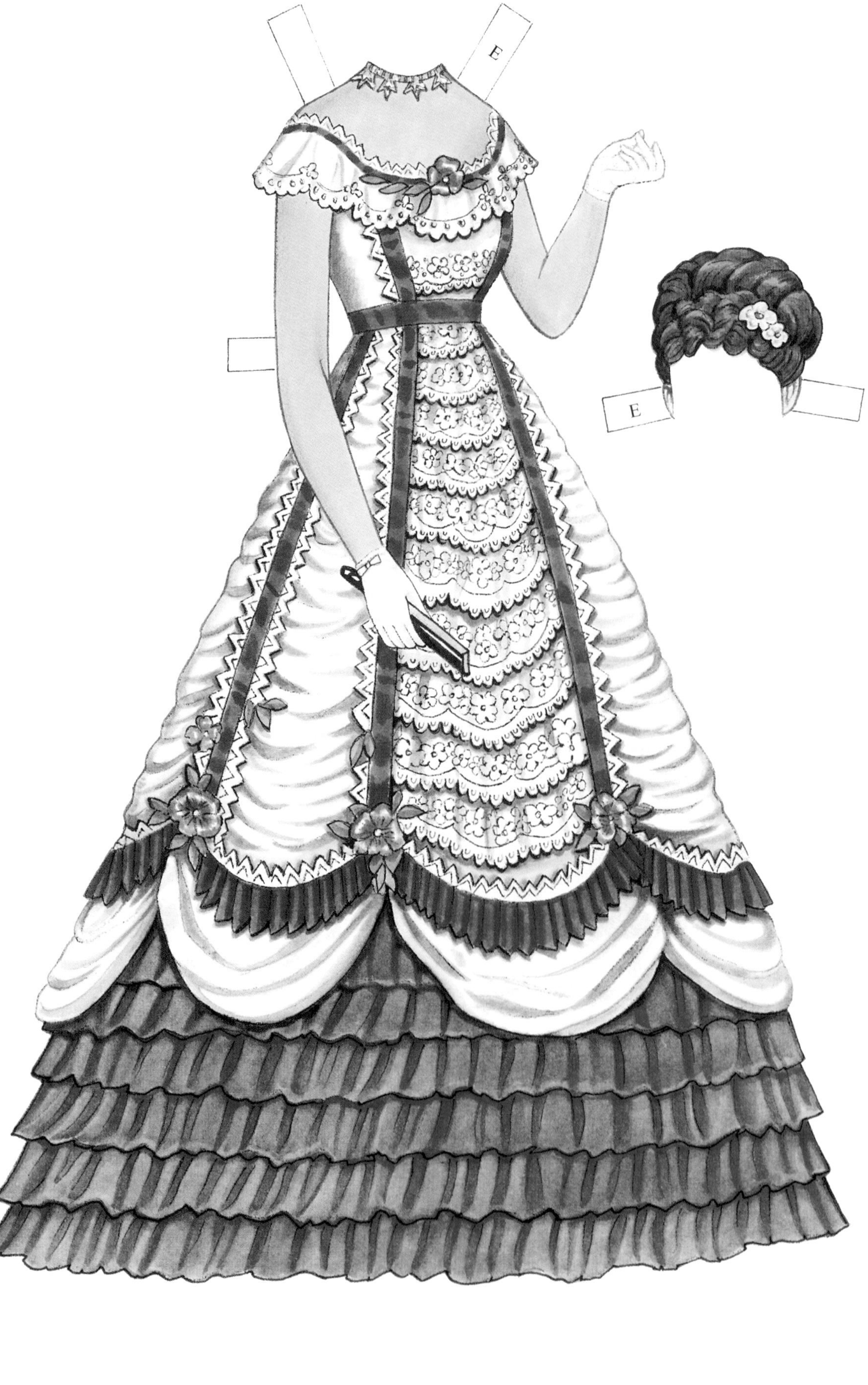
E

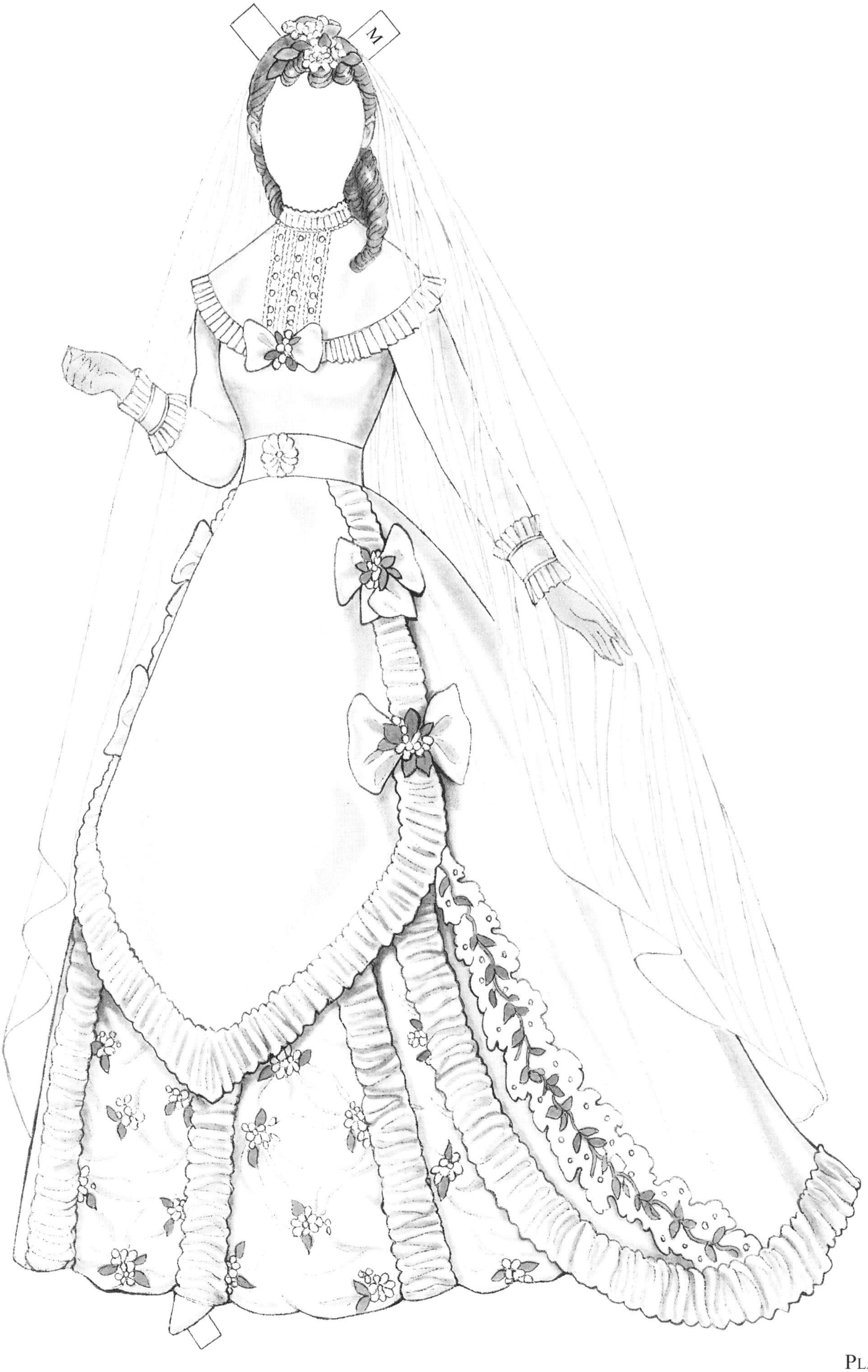
M

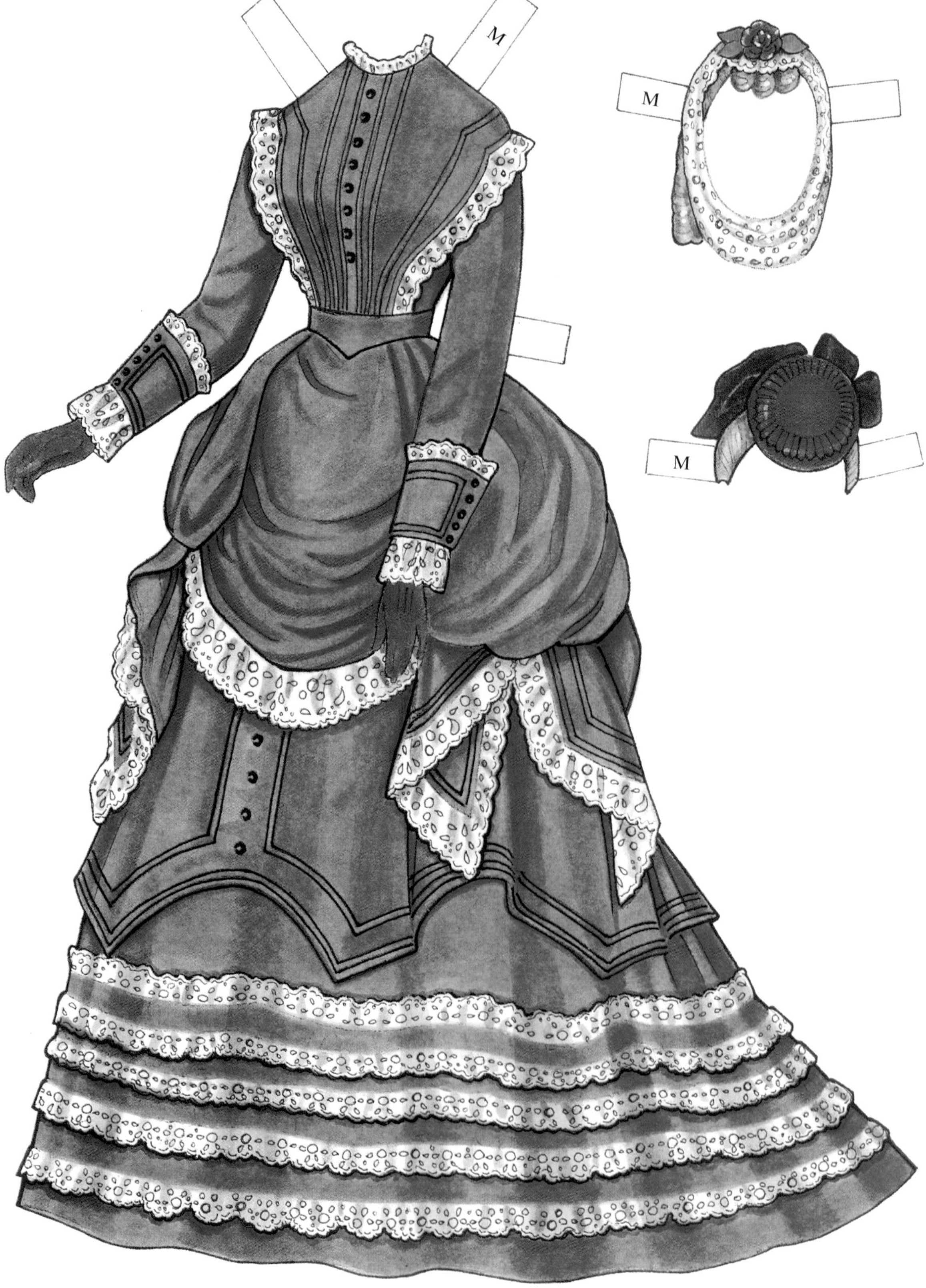
M
M
M

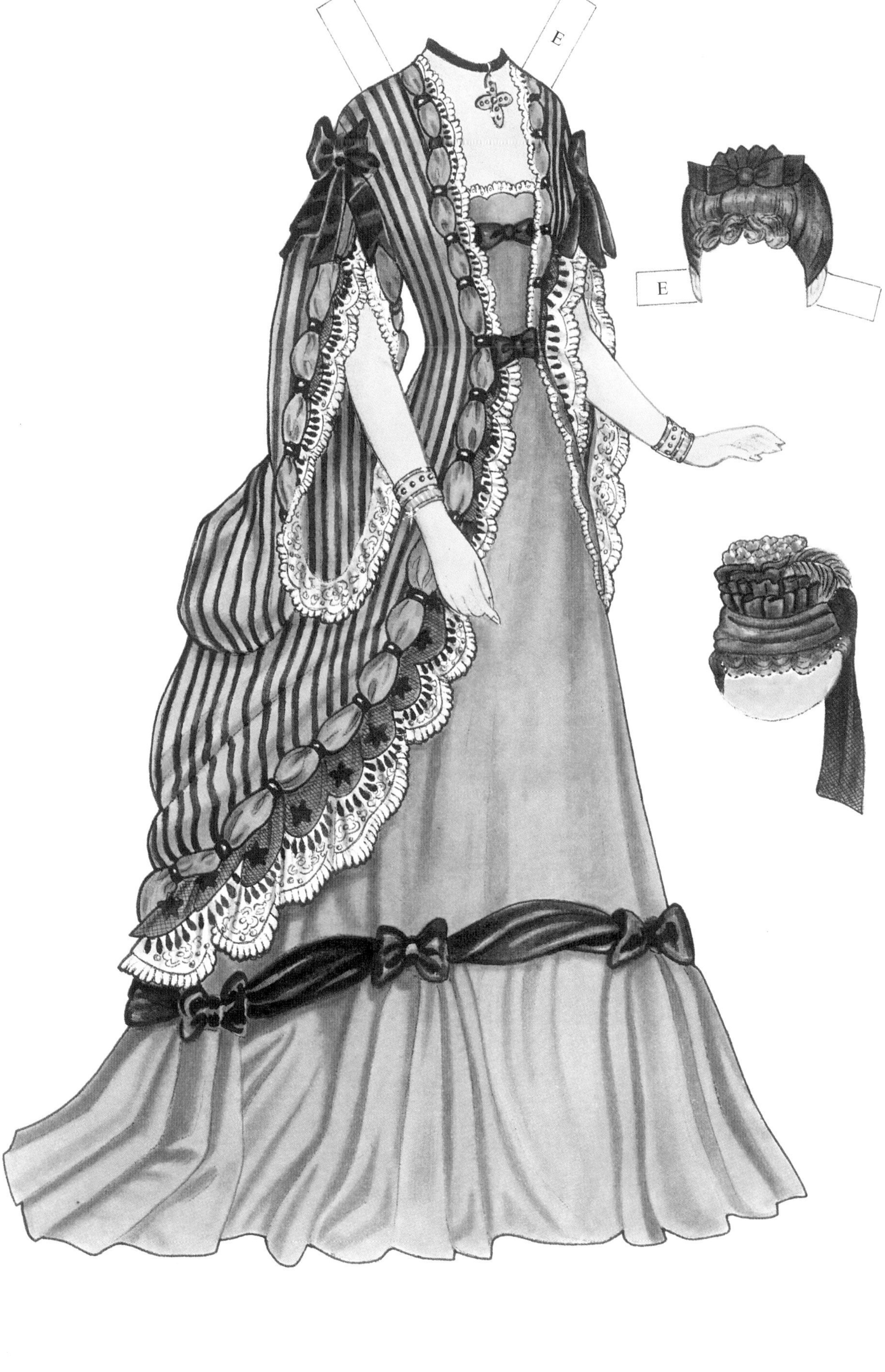
E
E

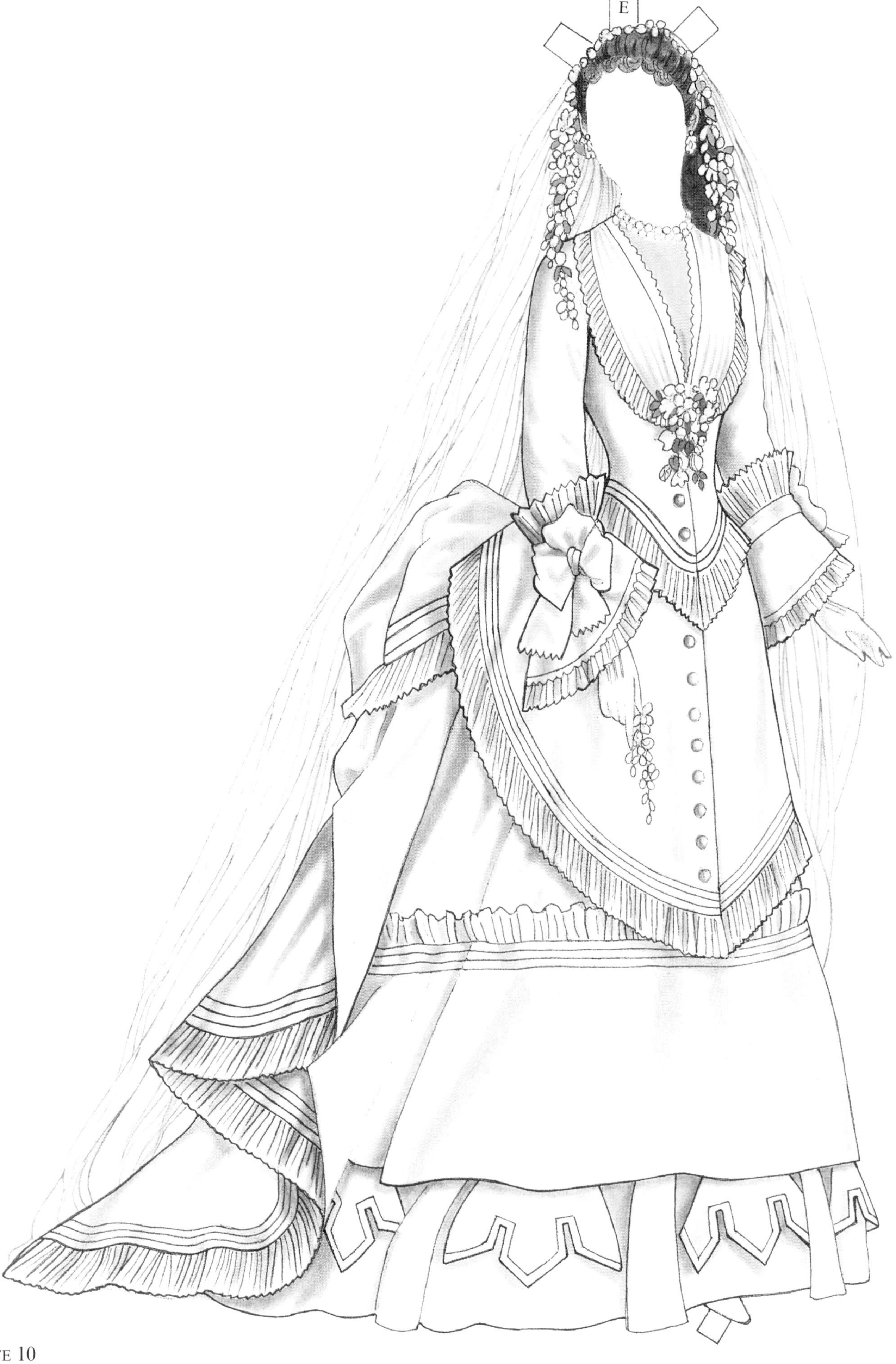
E

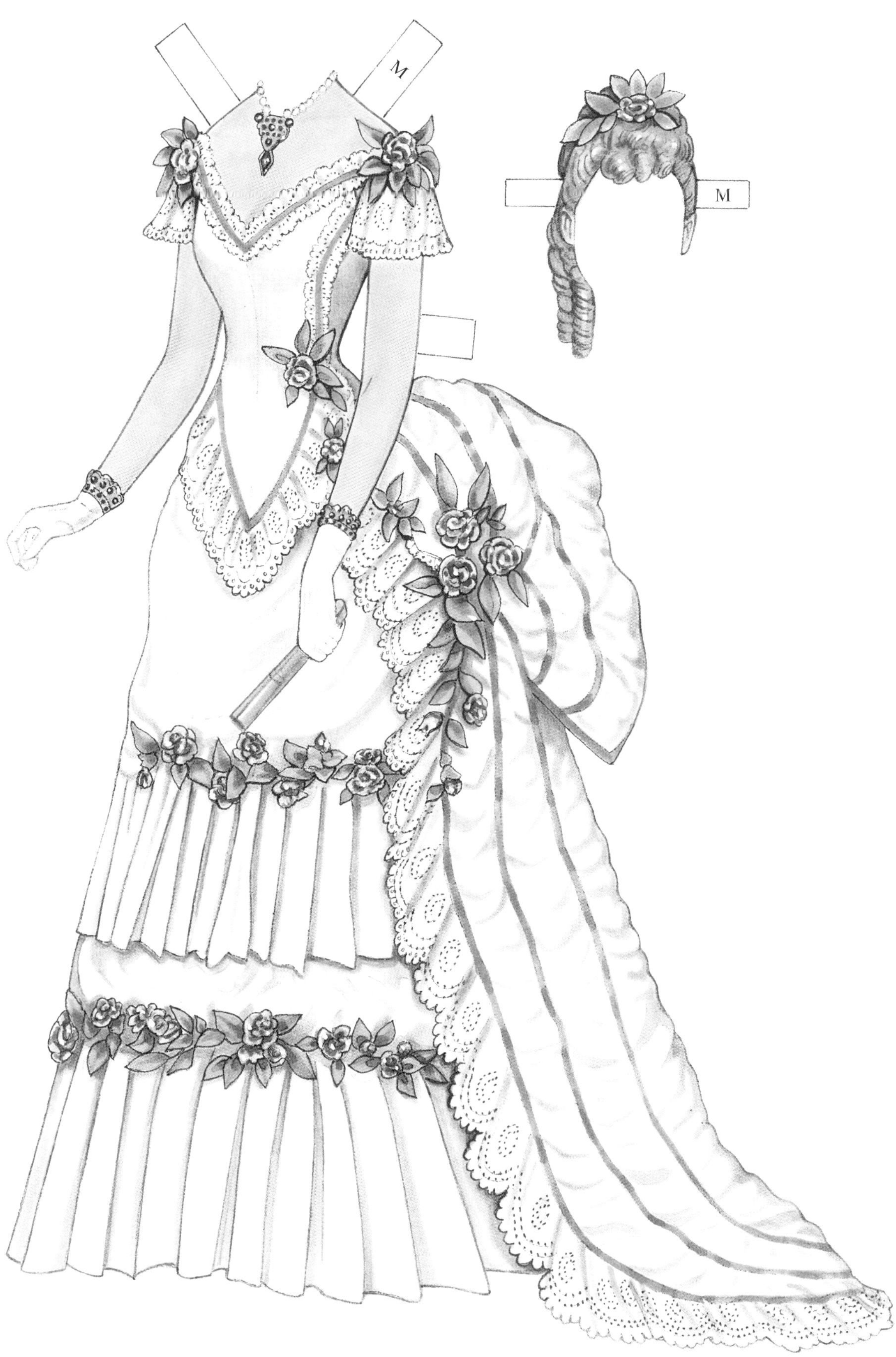
M
M

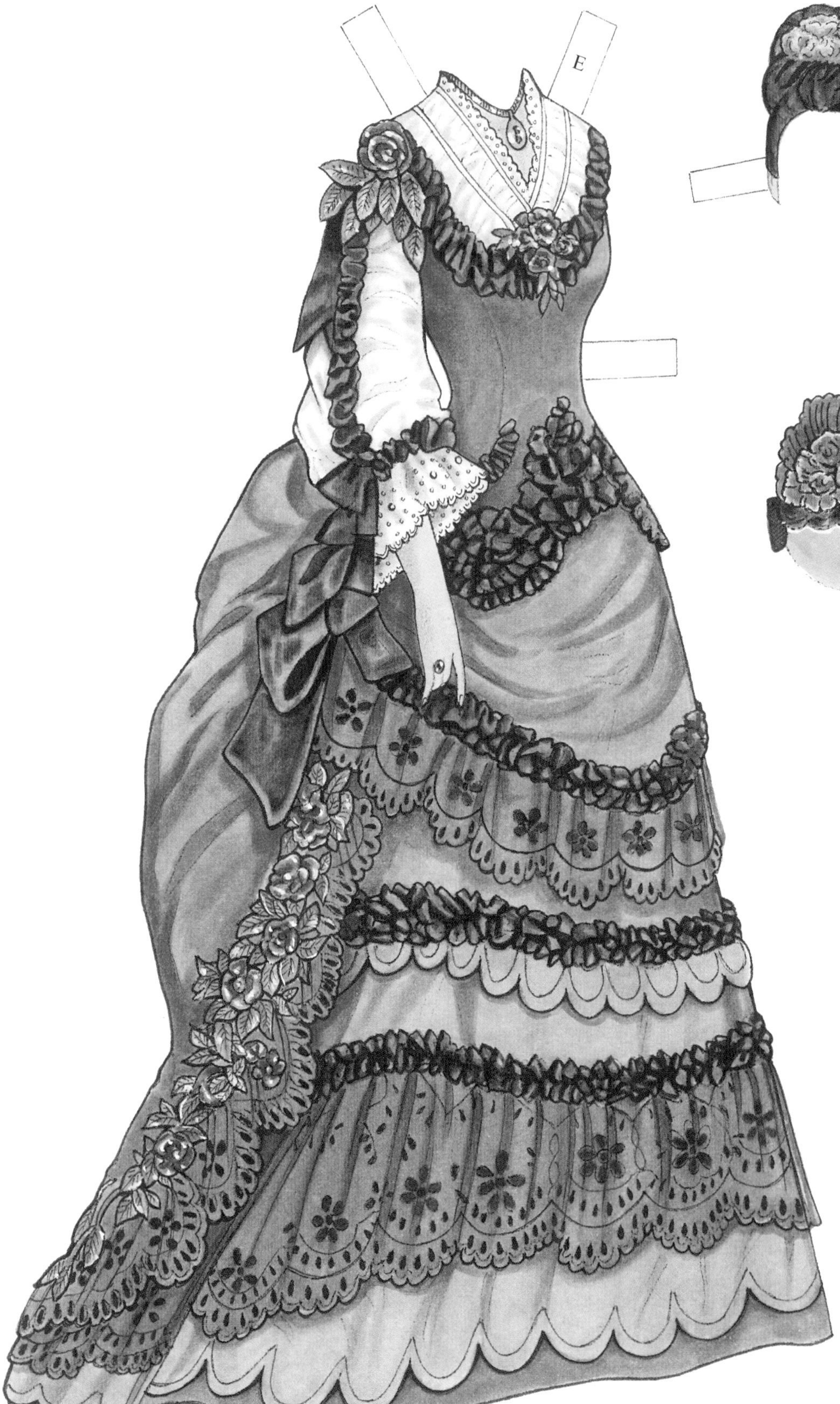

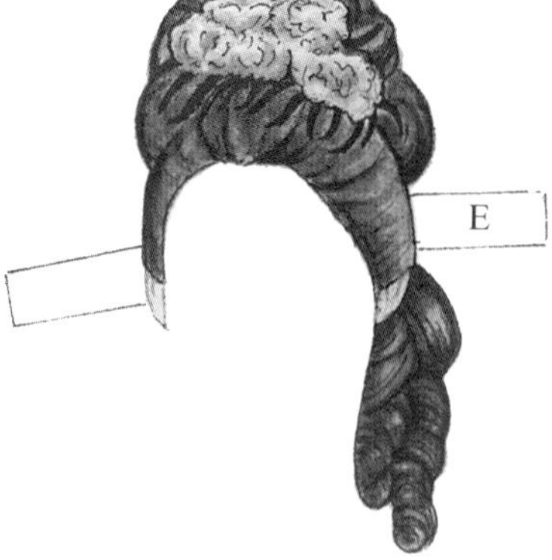

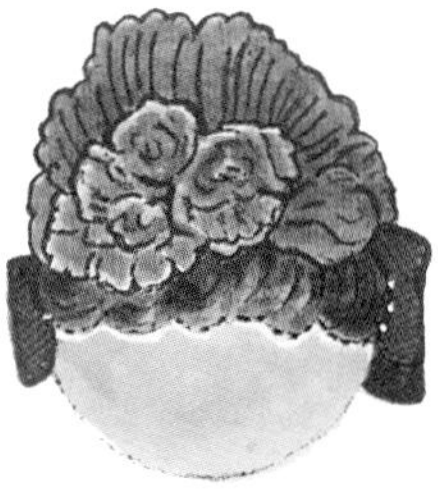

PLATE 12

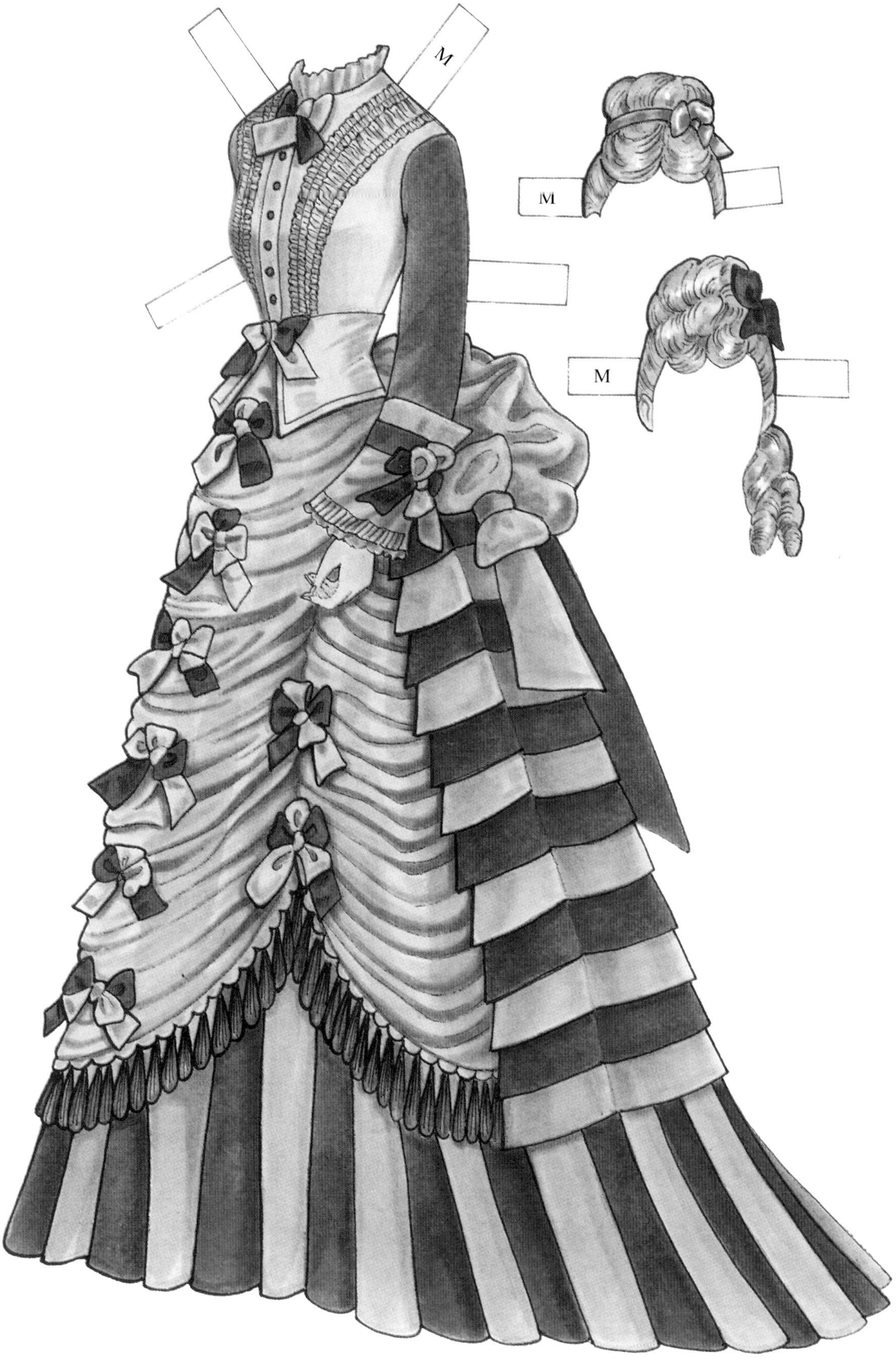
M
M
M

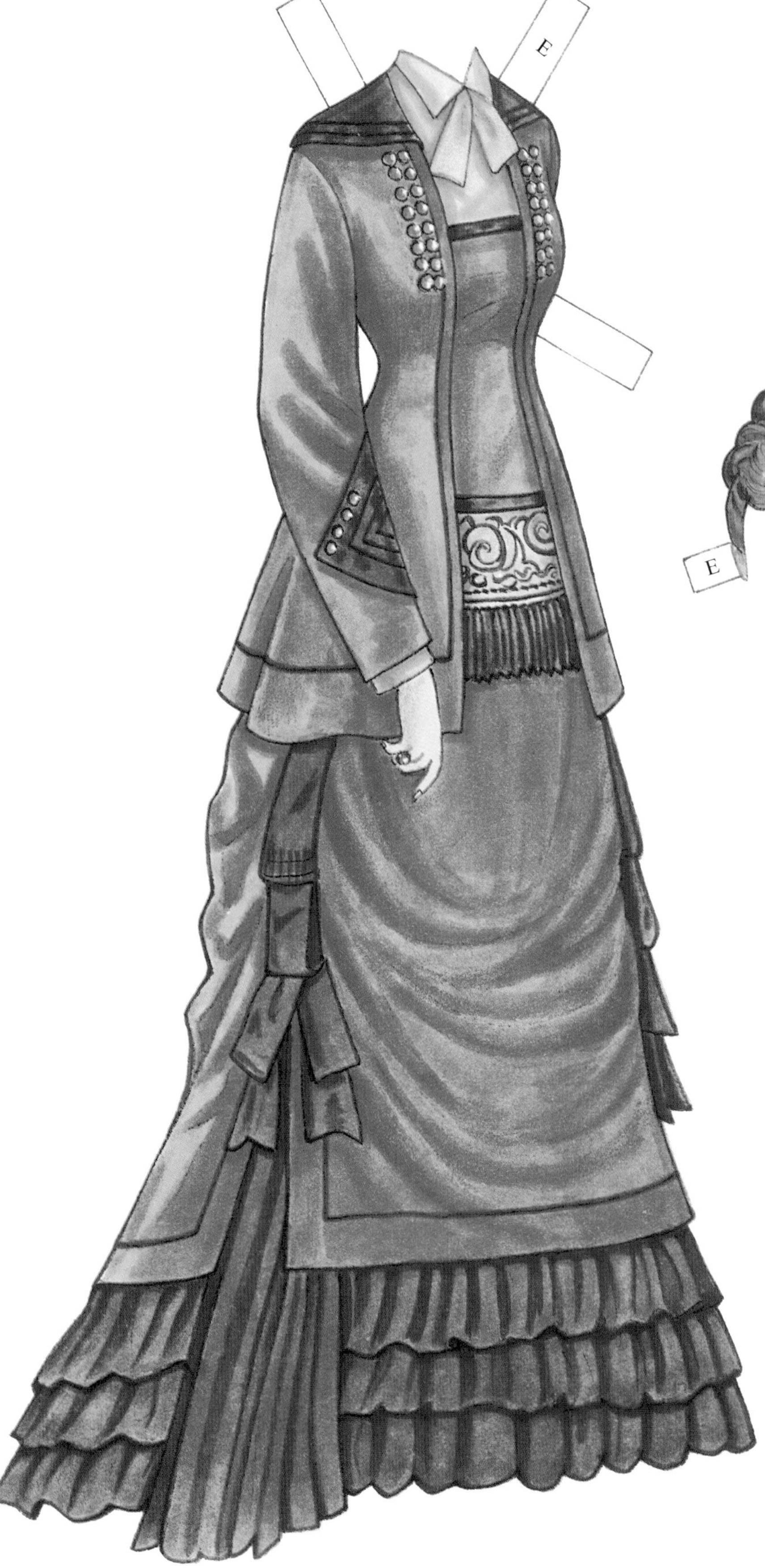

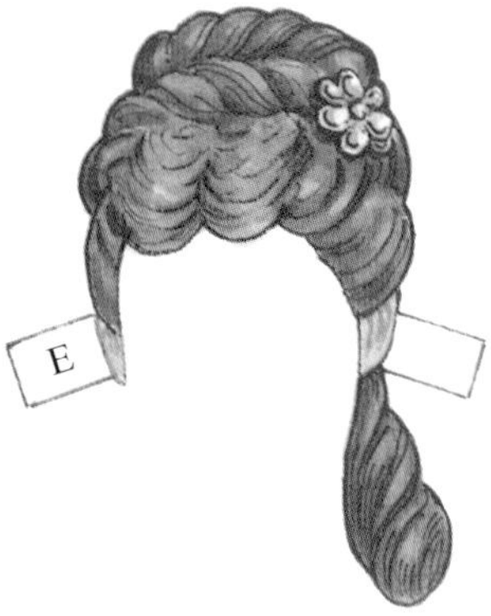

PLATE 14

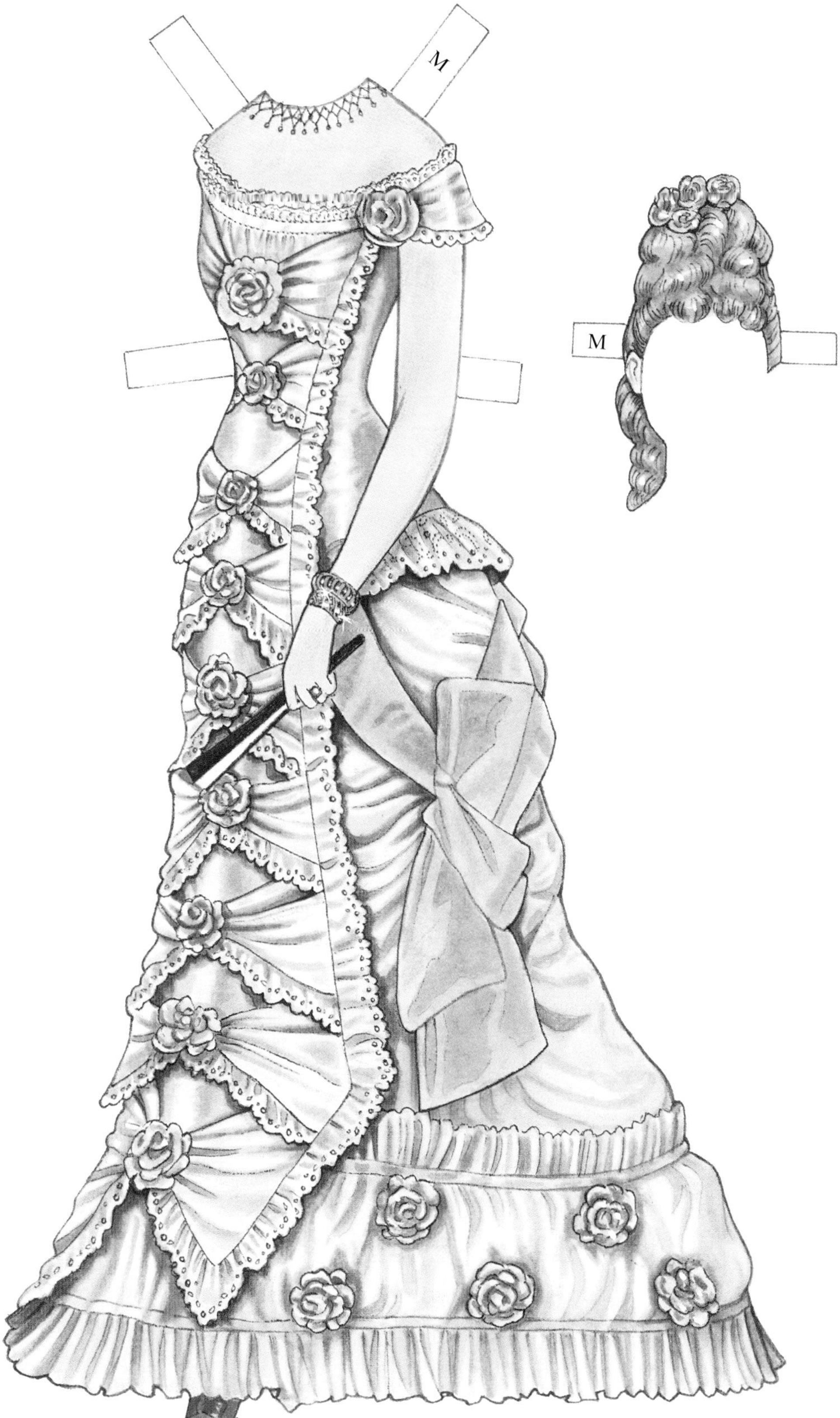
M
M

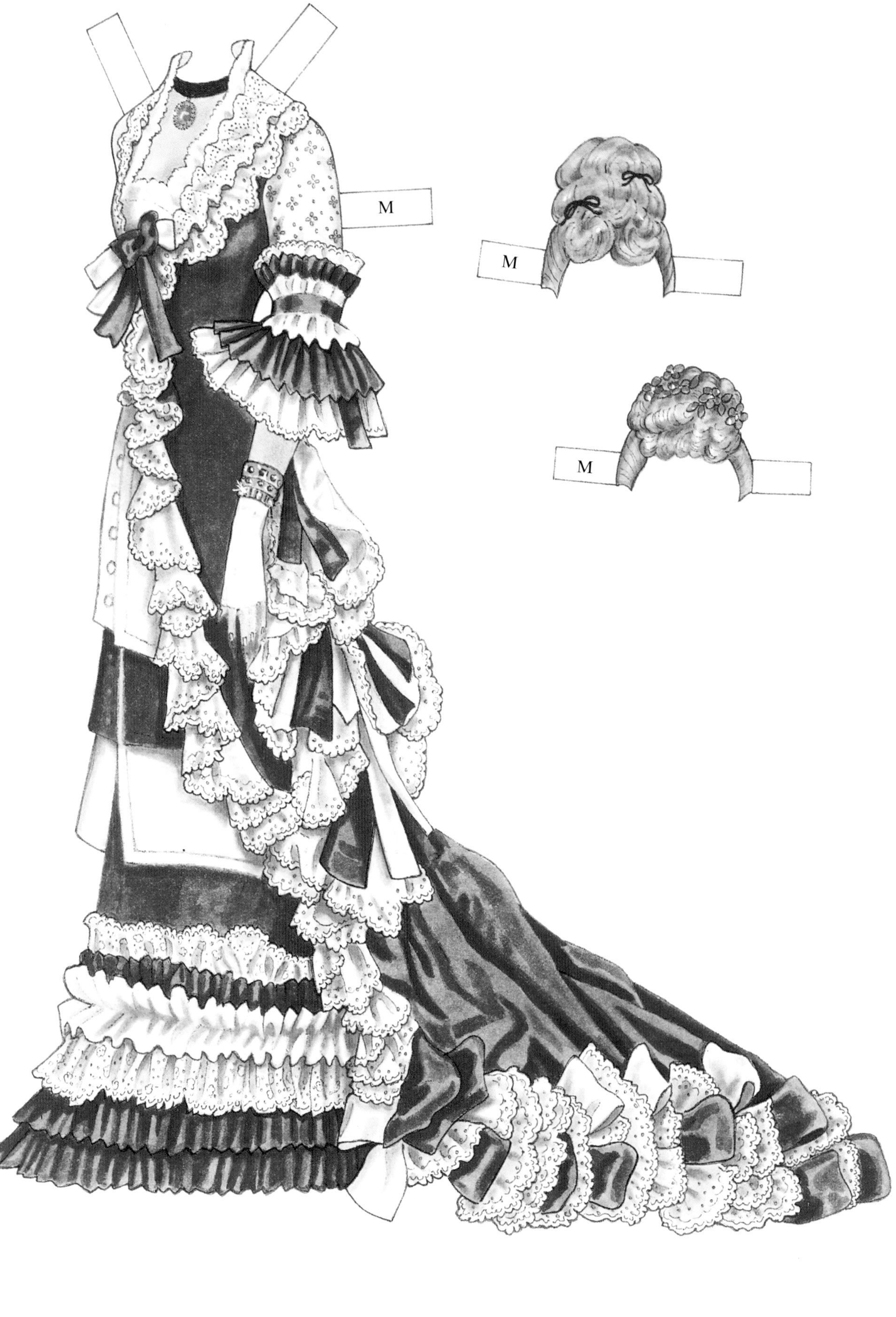
M
M
M